LA

FRANCE

DÉGÉNÉRÉE

PAR

JULES PATENOTRE

PARIS

E. LACHAUD, ÉDITEUR

4, PLACE DU THÉATRE-FRANÇAIS, 4

—

1871

LA
FRANCE DÉGÉNÉRÉE

PRÉFACE

Écrites au lendemain de l'armistice, à cette heure d'abattement et de désespoir où la France affolée cherchait dans la trahison ou la lâcheté de ses défenseurs l'explication de ses désastres et proclamait elle-même sa déchéance, les pages qu'on va lire devaient former dans la pensée de l'auteur une sorte de plaidoyer en faveur du patriotisme et de l'honneur national.

Depuis cinq mois l'opinion publique a fait de tels soubresauts que la cause regardée alors comme perdue est maintenant aux trois quarts gagnée. Bien des préventions subsistent encore cependant. Ainsi la *lâcheté des paysans*, la *trahison de Bazaine*, les *mensonges de Gambetta* sont autant de thèmes sur lesquels l'opinion continue à exécuter des variations à l'infini. Les écrivains de l'école de Jérémie, qui s'évertuent à prouver que nous sommes une nation perdue, trouvent d'ordinaire dans les souvenirs de 92 et de 93 une mine inépuisable de récriminations contre notre époque. C'est sur ce terrain que nous prétendons les combattre. Le lecteur prononcera entre eux et nous.

Notre conclusion étonnera peut-être. Nous savons qu'elle n'est guère accomodée au goût du jour. Sur ce point, le temps seul peut décider si nous avons tort ou raison. Il a déjà fait la moitié de notre besogne; nous comptons qu'il l'achèvera.

L'ACTE D'ACCUSATION

L'ACTE D'ACCUSATION

« C'en est fait. Le patriotisme s'en va ; les cœurs s'amol-
« lissent, les nobles instincts s'effacent, le courage est
« une monnaie qui n'a plus cours. La France est dé-
« générée ! »

Que de fois n'avons-nous pas entendu reproduire cette
douloureuse accusation, à mesure que se multipliaient les
foudroyantes nouvelles de nos défaites; quand des villes de
cent mille âmes ouvraient leurs portes sans tirer un coup
de fusil; quand nos armées détruites aussitôt que formées
pliaient partout presque avant d'avoir vu l'ennemi, et que
nos mobiles mettant tout leur cœur dans leurs jambes,
semblaient n'avoir d'énergie que pour la fuite. « Décadence!
« s'écriait-on. Géants de 93, où êtes-vous ? Pauvre France,
« qu'es-tu devenue? Tes fils ne savent plus se battre.
« L'habitude du bien-être, les jouissances matérielles ont
« tué en eux le germe des grands sentiments. Peuple avili,

1.

« incapable d'enthousiasme, qui ne se passionne plus que
« pour les *cascades* de la *Belle Hélène* et les ritournelles
« d'Offenbach !» Offenbach était devenu le bouc émissaire
de tous nos péchés.

Ces accusations, vous les avez entendues comme moi;
vous les entendez tous les jours. Nous ne parlons pas seulement ici des déclamateurs ordinaires des clubs, qui croient
faire injure au passé s'ils n'injurient le présent et s'imagi-
nent sauver le pays en renouvelant à tout propos à la
tribune ou dans la presse les lamentations de Jérémie. Cette
opinion, bien des gens la partagent, qui par tempérament
ou par prudence se défendent généralement des opinions
extrêmes. Ce que les autres crient à tue-tête, ils se le disent tout bas. Le ton seul varie.

Ceux-là même qui refusent de croire à cet abaissement
des caractères, osent à peine affirmer leur conviction. Il
semble qu'ils redoutent d'entrer dans le vif de la question,
comme un avocat qui se charge à regret d'une cause douteuse et tremble à chaque pas de découvrir que son client
est coupable. Tout au plus essayent-ils de plaider les cir-
constances atténuantes, en rejetant la faute sur les vingt
années du despotisme impérial, en rappelant les glorieuses
exceptions qui rachètent les défaillances, en faisant, au
profit du reste de la France, le procès des paysans.

Pour ceux-là, leur condamnation paraît sans appel. Eux-
mêmes semblent l'accepter. On leur a si souvent répété
qu'ils étaient lâches, qu'ils ont fini par le croire. On leur

a dit quelle part éclatante leurs pères avaient prise aux victoires de la République et de l'Empire, et comment ils avaient chassé du sol sacré de la patrie ces mêmes envahisseurs devant lesquels ils ne savent maintenant que baisser la tête. La légende napoléonienne avec laquelle on a bercé leur enfance grandit encore pour eux les souvenirs du passé. Ils ne se demandent pas si les conditions de la lutte sont différentes, si l'ardeur indomptable qui animait leurs pères en 93 puisait son principe aux mêmes sources qu'aujourd'hui. Ils constatent leur abaissement ; c'est tout. Et nous en avons entendu plus d'un nous dire en soupirant : « C'est vrai, nous sommes des lâches ! »

Eh bien, non ! Quoi qu'on en ait pu dire et malgré les apparences, cela n'est pas ! Cette insulte qu'on te jette au visage, je la repousse, et si tu ne protestes point, je protesterai pour toi. Entends-tu, bonhomme, toi qui courbes maintenant si piteusement l'échine sous les exigences du vainqueur ? Tu peux regarder en face tes ancêtres. Tu ne fus ni lâche ni traître. Je te le prouverai. Les seuls coupables, ceux que tu dois maudire éternellement et qu'au fond du cœur tu chéris peut-être encore (1), ce sont les deux despotes qui, à un demi-siècle de distance, ont mené la France à la ruine : le vainqueur d'Iéna et le vaincu de Sedan.

---

(1) Dieu merci, sur ce point la lumière s'est faite depuis cinq mois dans les cerveaux les plus obscurcis. Les dernières élections, en donnant un congé aussi net aux anciens souteneurs de l'Empire, ont suffisamment prouvé que le suffrage universel entendait renier désormais toute complicité avec le régime déchu.

1792-1793

Le patriotisme en 1792 était-il complétement désintéressé ? Eût-il suffi
à sauver la France en 1870 ?

C'est au nom du passé qu'on prétend condamner le présent. Soit: nous acceptons la comparaison. Hâtons-nous de
dire que nous professons pour les hommes de la Révolution
la plus grande admiration. Nous ne voulons voir ici que le
but de leurs efforts; nous ne leur demanderons point
compte du sang versé pour l'atteindre. Nous n'envisageons
pour l'instant que les obstacles à vaincre. A ce point de
vue, nous estimons que la défense nationale a été incom-
parablement plus facile en 1792 et 1793 qu'en 1870, et
l'histoire en main nous l'allons montrer.

Ce qui a sauvé la Révolution française, nous dit-on,
c'est moins l'énergie indomptable de ses chefs que l'élan
spontané de tout un peuple, ivre de liberté et de patriotisme, se ruant à la mort pour la défense d'un principe;

c'est qu'alors tous les cœurs débordaient d'enthousiasme, c'est qu'on n'hésitait pas à sacrifier sa vie pour le triomphe d'une idée.

Ne nous payons pas de mots. Est-ce bien le patriotisme tout seul, c'est-à-dire l'amour pur — appelons les choses par leur nom — l'amour platonique de la patrie, dégagé de toute préoccupation personnelle, qui jetait dans les âmes ces semences d'héroïsme ? Nous ne le croyons pas. Ce sentiment-là ne germe pas spontanément dans tous les cœurs. Nous demandons pardon au lecteur d'une analyse qui, nous le savons, paraîtra sacrilége à bien des gens; mais il faut en prendre son parti. Les masses ne se passionnent point pour une idée abstraite, si derrière cette idée il n'y a pas un avantage matériel. Sans doute, quand Danton, pressé de fuir pour sauver sa tête, s'écriait : « On n'emporte pas sa patrie à la semelle de ses souliers, » il résumait dans ce cri sublime ce que le patriotisme a de plus pur et de plus désintéressé. Mais Jacques Bonhomme n'est point si raffiné et s'accommode volontiers de la définition du poëte latin : « La patrie est où l'on est bien. »

Cette patrie-là venait de naître pour lui dans la nuit du 4 août, quand les alliés envahirent la France pour l'étouffer au berceau. Qu'on ne s'y trompe point. Ce n'est pas seulement l'honneur national que le paysan français revendiquait au prix de son sang à Valmy ou à Fleurus; c'étaient ses franchises personnelles, c'était le droit de posséder enfin cette terre que depuis des siècles il engraissait de ses sueurs et de son sang pour nourrir trois cent mille fainéants; c'était le droit de vivre de son travail, disons plus, le droit d'être époux, le droit d'être père pour son propre compte, toutes ces libertés élémentaires que la Déclaration des droits de l'homme venait d'enregistrer et que l'invasion voulait confisquer au profit de la monarchie et des privilégiés. Sur ce point, le manifeste du duc de Brunswick ne laissait pas d'équivoque. N'oublions pas que derrière lui marchait la fine fleur de l'émigration, pour qui toutes les concessions arrachées à la monarchie étaient nulles de nullité absolue, et qui annonçait bien haut sa ferme volonté de rétablir la royauté dans tous ses priviléges, dans tous ses abus, et cela malgré l'Assemblée, malgré les ministres, malgré le roi lui-même.

L'alternative n'était pas possible. Il fallait bien réellement, pour employer la belle expression de la Convention, faire un pacte avec la victoire ou la mort. Et pourtant, malgré ce coup de fouet terrible que le désespoir donne aux courages, malgré l'énergie sauvage du Comité de salut public, malgré les quatorze armées, si l'Invasion avait disposé en 1792 et 1793 des mêmes moyens qu'en 1870, la France révolutionnaire eût été vaincue. Ici un résumé succinct des faits devient nécessaire.

C'est le 20 avril 1792 que la guerre fut officiellement déclarée à l'Empereur. Depuis plus d'un an, l'opinion publique en France était préparée à ce duel du principe monarchique et de la révolution. Elle le souhaitait presque. Les insolentes provocations des émigrés, leurs intrigues au dehors et au dedans, les entraves apportées par le mauvais vouloir de la royauté à l'organisation de la défense ne faisaient qu'exaspérer les courages.

On sait quels furent les débuts de cette guerre, les bruits de trahison semés dans l'armée, la panique soudaine des troupes placées à notre frontière, le meurtre du général Dillon. Ce n'était là qu'une affaire d'avant-garde. La lenteur des coalisés permit à nos troupes de se rallier. C'est le 10 juillet seulement que l'armée austro-prussienne quitta Coblentz pour entrer en France.

Elle comptait 138,000 hommes (six fois moins qu'en 1870). La disproportion n'en était pas moins déjà fort sensible. A ces troupes parfaitement organisées et disciplinées, nous pouvions opposer à peine 120,000 soldats, disséminés sur une immense frontière, privés de leurs officiers, n'ayant confiance ni en eux ni dans leurs chefs. Si l'ennemi eût marché résolument sur Paris, ce n'est pas le camp de vingt mille hommes, précipitamment établi sous la capitale, qui eût pu l'arrêter.

Toutefois les alliés avaient un désavantage. La coalition, par cela même qu'elle était coalition, manquait de cette unité puissante qui fera la force de l'invasion en 1870. Ce sera plus vrai encore en 1793. La Prusse jalousait l'Autriche et n'épousait sa politique qu'à contre-cœur. Mariage de convenances bien plus que d'inclination, où chaque partie contractante apportait son avoir avec une défiance réciproque. Le prince de Hohenloe, qui devait arriver avec cinquante mille hommes, en amenait à peine dix-huit mille. Ajoutez à cela des divergences dans le commandement, le roi de Prusse voulant rompre avec la vieille tactique pour frapper des coups hardis, Brunswick prêchant la prudence. Ces hésitations sauvèrent la France.

Le 22 août, l'ennemi n'était encore qu'à Longwy, le 2 septembre à Verdun. Brunswick, toujours irrésolu, n'osait pas s'enfoncer plus avant. Pour tout dire, ses craintes n'étaient pas complétement chimériques. On oublie trop ce qu'était la France en 1792. Les routes peu nombreuses, mal entretenues, presque impraticables pour l'artillerie, pendant la mauvaise saison, rendaient fort difficiles ces marches soudaines et ces brusques déplacements de troupes qui permettent les coups d'audace. Le pays même n'était pas toujours parfaitement connu. Nous n'en sommes pas au temps où chaque sous-officier prussien aura dans son sac la carte détaillée de nos départements.

Toutes ces causes influèrent sur la détermination de Brunswick. Il s'étendit lentement derrière la Meuse. Dumouriez eut le temps d'accourir, de s'établir fortement dans les défilés de l'Argonne si justement appelés les Thermopyles de la France. On sait ce que fut le combat de Valmy, et comment la charge à la baïonnette qui, pendant vingt-trois ans, devait assurer la supériorité du soldat français sur tous les champs de bataille de l'Europe, décida de la victoire. Ce qu'on sait moins, c'est le chiffre des pertes éprouvées par l'ennemi. Vingt mille coups de canon avaient été tirés dans cette journée ; mais le canon faisait alors plus de bruit que de besogne. La bravoure personnelle décidait encore du gain des combats. Les progrès de la science, en quadruplant la portée de l'artillerie et en permettant aux armées de se foudroyer à deux lieues de distance, n'avaient point encore annulé le courage. Le nombre des morts, égal des deux côtés, ne dépassait pas huit cents hommes.

Il n'en fallut pas davantage pour déconcerter les alliés. Dumouriez n'eut plus qu'à attendre. La disette et les maladies achevèrent son œuvre. Brunswick entama des négociations. La Convention qui venait de proclamer la République lui fit répondre « qu'elle ne pouvait entendre aucune proposition avant que ses troupes eussent complé-

tement évacué le territoire français. » C'est, aux termes
près, la déclaration de Jules Favre à M. de Bismark. Mais
cette fière réponse, faite au lendemain de Valmy à un
ennemi découragé et aspirant visiblement à la retraite,
devenait au moins inopportune au lendemain de Sedan,
quand la France, écrasée sous les revers, privée de sa der-
nière armée, puisque Bazaine était bloqué, était à la merci
d'un vainqueur tout-puissant et qui puisait dans ses
victoires mêmes une nouvelle force.

Cette force morale que donne le succès de la veille et
qui pour le Français surtout fait la moitié du succès du
lendemain, allait assurer le triomphe de la France révolutionnaire. La coalition était jugée pour elle dès son principe. Elle l'avait regardée en face à Valmy et lui avait
couru sus à Jemmapes. Le monstre, comme ces épouvan-
tails faits de quelques lambeaux d'étoffe qui menacent le
ciel de leurs grands bras et prennent dans l'éloignement
des figures invraisemblables, ne faisait d'effet qu'à distance. Aussi, menacée six mois après sur tous les points
par l'Europe monarchique, elle accepta fièrement le défi.

La coalition en 1793. — Son manque d'unité. — Ses fautes. — La France a le temps de s'organiser. — La levée en masse. — Etait-elle possible en 1870 ? — Les peuples sont de cœur avec la France.

Nous ne prétendons point dissimuler la gravité des dangers qui pesaient alors sur la République. Au dedans, la guerre civile, les Vendéens dans l'Ouest, les fédéralistes dans le Midi, cinquante départements en armes ; au dehors, Anglais, Hollandais, Autrichiens, Prussiens, Piémontais, Espagnols se ruant sur nos frontières ; le péril était effroyable.

Mais ennemis du dedans et du dehors manquaient de ce qui assure la victoire, de l'union. Les Vendéens, pleins de courage derrière leurs buissons, mais faisant la guerre en braconniers plutôt qu'en soldats, ne pouvaient tenir à la longue contre des troupes régulières. Les fédéralistes disséminés sur un trop grand espace et se reprochant tout bas de trahir par leur dissidence la cause nationale, agissaient timidement et sans ensemble. Les coalisés, plus occupés au fond de leurs intérêts particuliers que du succès de la cause monarchique, en défiance les uns des autres, s'arrêtaient à chaque pas pour ramasser quelques débris de nos provinces. L'immense filet dont ils enveloppaient la

France, accrochant ici Condé, là Valenciennes ou Dunkerque, se rompait sous l'effort.

C'est le 1ᵉʳ février qu'ils avaient reçu la déclaration de
guerre de la Convention. A la fin de juillet ils étaient
encore devant Mayence ; à la fin d'août, les Anglais assié-
geaient Dunkerque ; les Autrichiens prenaient Le Quesnoy.
Au lieu de se serrer les uns contre les autres, comme
feront les Prussiens en 1870, et de frapper de ces coups
soudains qui déconcertent la défense, ils s'éparpillaient
autour ne nos places fortes et marchaient avec une lenteur méthodique quand il eût fallu courir. La République,
un moment suffoquée, respira. Carnot eut le temps d'organiser la victoire. La levée de 300,000 hommes faite en
février ne suffisant plus, la levée en masse fut décrétée
(août 93). Il n'est pas inutile de rappeler quels étaient les
termes de ce décret.

« Tous les Français sont en réquisition permanente
« pour le service des armées. Les jeunes gens iront au
« combat, les hommes mariés forgeront les armes et trans-
« porteront les subsistances ; les femmes feront des tentes
« et des habits et serviront dans les hôpitaux ; les enfants
« mettront le vieux linge en charpie ; les vieillards se
« feront porter sur les places publiques pour exciter le
« courage des guerriers, prêcher la haine des rois et
« l'amour de la République. »

Bien des gens croient qu'un décret semblable eût sauvé
la France en 1870. Nous ne le pensons pas. Quand on voit

les événements à distance à travers la lorgnette de l'histoire, les hommes et les choses prennent des proportions gigantesques. On s'imagine voir la France entière se levant comme un seul homme à l'appel du Comité de salut public, se jetant sur ses armes et courant à la frontière. Une armée formée de pareils éléments eût pu rendre des services au temps de Pierre l'Ermite et des Croisades, lorsque toute la science militaire consistait à fondre sur l'ennemi la pique ou la hache à la main.

Dans les luttes corps à corps, un homme vaut un homme. Aujourd'hui que la victoire dépend d'un mouvement tournant ou de la portée d'une batterie d'artillerie, il en est tout autrement. Il ne suffit pas, pour faire un soldat, de prendre un paysan plus ou moins bien bâti et de lui mettre sur le corps une tunique brune ou bleue. Il faut encore qu'il sache manier les armes, qu'il soit rompu aux exercices élémentaires qui constituent ce qu'on est convenu d'appeler l'art de la guerre. Si l'on songe qu'un conscrit est généralement moins intelligent qu'un membre de l'Institut on comprendra que cela ne se peut faire en deux jours. Nos mobiles l'ont prouvé en 1870. Je ne parle point de la question d'approvisionnement, la grosse question des armées en campagne, et de mille autres détails d'organisation qu'entraîne l'entretien d'une pareille agglomération d'individus.

Aussi la levée en masse, sous peine d'être pour le pays un embarras et une ruine, ne pouvait se faire que graduellement. Par le décret du Comité de salut public, toute la population était mise à la disposition du gouvernement et divisée en un certain nombre de catégories, qu'on se réservait de faire partir au fur et à mesure des besoins. La première classe, composée de jeunes gens non mariés ou veufs sans enfants de 18 à 25 ans, devait se rendre au chef-lieu de district et y commencer sur-le-champ les exercices militaires. La génération de 25 à 30 avait ordre de se préparer et en attendant était chargée du service de l'intérieur.

Une pareille organisation demandait du temps pour être menée à bien. Pour que nos jeunes recrues pussent faire au chef-lieu de district l'apprentissage de la guerre avant d'aller combler les vides de nos armées actives, il fallait que nous eussions déjà à la frontière des troupes capables de tenir les coalisés en échec ou tout au moins d'arrêter leurs progrès. Si le pays se fût trouvé désarmé à l'improviste comme en 1870, si la guerre, au lieu de se maintenir en Alsace, eût pénétré tout à coup au cœur de la France, si le gouvernement bloqué dans Paris, coupé de toute communication avec la province, eût été réduit à déléguer ses pouvoirs à un ministère improvisé, forcément privé des secours d'une longue centralisation, condamné lui-même par la marche de l'invasion à promener de ville en ville sa dictature chancelante, la levée en masse n'eût été vraisemblablement qu'une lettre morte et un décret sur le papier.

La lenteur proverbiale des coalisés vint au secours du Comité de salut public. Nous les avons vus perdre leur temps autour de nos places fortes. Pendant qu'ils s'amusaient aux bagatelles du siége, nos troupes, chaque jour ae crues par des renforts, avançaient et prenaient l'offensive. Les victoires d'Hondschoote et de Watignies avaient sauvé Dunkerque et Maubeuge. Conduites par Hoche, Pichegru, Jourdan et Moreau, nos armées envahissaient la Belgique et les provinces du Rhin. Les rôles étaient changés. C'est la coalition maintenant qui était obligée de se défendre. La Révolution, en portant chez les nations étrangères, comme elle le disait par la bouche du girondin Isnard, non pas le fer et la flamme, mais la liberté, allait trouver dans la propagation des idées nouvelles un levier pour soulever l'Europe. Du Nord au Midi le vieux monde tressaille et les trônes chancellent. Les peuples comprennent que c'est pour eux que la France travaille, et ses vœux accompagnent son drapeau; jusqu'au jour où l'ambition de Bonaparte, faisant dévier la Révolution de son principe, amoncellera sur nos têtes les haines de l'Europe et payera de la ruine et du démembrement de la France « quelques rameaux de laurier. »

1870-1871

1870-71

Soixante-quinze ans se sont écoulés depuis, — un siècle bientôt. Que de bouleversements, que de transformations dans les choses et dans les hommes! Après les ivresses et les folies de la victoire, toutes les humiliations de la défaite; après Austerlitz, Waterloo et Sainte-Hélène, 1814 et 1815! Quelle sanglante leçon, perdue pourtant! En moins d'un demi-siècle, trois révolutions! — Toutes les formes du gouvernement essayées, tous les pouvoirs tour à tour acclamés et culbutés dans le sang ou dans la boue! Après les Bonaparte, les Bourbons, puis la royauté bourgeoise des d'Orléans, puis 48, puis le coup d'État : — les excès de la liberté et les violences du despotisme.

Harassée d'une lutte sans fin, énervée par cette fièvre

chronique des révolutions qui use les esprits et les corps, la France voulait le repos à tout prix. Le Deux-Décembre la surprit dans ces dispositions. Elle se laissa docilement mettre la chaîne au cou, elle se livra sans défense ; puis, tombant de lassitude, elle ferma les yeux et s'endormit. Quand elle se réveilla, elle vit *son cou pelé,* et la fable du bonhomme La Fontaine lui revint en mémoire. Mais La Fontaine ne dit point que le chien ait rompu sa chaîne. Elle fit comme lui et lécha la main de son maître. Le bien-être engourdit.

Cependant le commerce et l'industrie renaissaient, les capitaux affluaient, la rente montait. La province, trompée par cette prospérité factice, trop loin pour voir les abus, applaudit. Paris murmurait, se souvenant du Deux-Décembre. On tenta de l'éblouir. On lui bâtit des palais, on l'étourdit du bruit des fêtes, on fit sonner à son oreille un grelot — toujours magique, hélas !— la gloire. Le chauvinisme — cette plaie mal cicatrisée que la France portait au flanc depuis le premier Empire — se raviva. Paris s'exalta à la vue de ces canons enguirlandés qu'on traînait dans ses murs ; il s'oublia jusqu'à acclamer celui qui s'intitulait le vainqueur de Sébastopol et de Magenta, et qui devait être plus tard le capitulé de Sedan, lorsqu'à l'exemple des Césars de Rome, il vint triompher en personne des victoires de nos soldats.

Lui-même se crut marqué du sceau des conquérants. Il trouva que les lauriers faisaient bien sur son front, et comme cette plante devenait rare en Europe, on courut lui en cueillir jusqu'en Cochinchine, sous un ciel où la récolte était sans périls. L'opinion publique s'aveugla sur la valeur de ces succès, qui rappelaient par leur importance les victoires de l'Hippodrome. On nous répétait sur tous les tons que nous serions toujours les premiers soldats du monde. Nous ne demandions qu'à le croire. On oubliait trop que de nos jours le courage est le très-humble esclave de la science, et que privée de cet appui, la furie française n'est qu'un vain mot.

Cependant la fortune se lassa de travailler pour le compte d'un brouillon qui la surmenait par ses bévues et lui laissait tout à faire. Le désastre du Mexique commença à mettre les moins défiants en garde contre les *grandes pensées du règne*. Malheureusement la leçon fut perdue pour le plus grand nombre. Les réclamations parties de la tribune n'eurent guère d'écho que dans les villes. Le reste de la nation, tenu dans une complète ignorance des événements, réduit aux mensonges officiels, crut bonnement que la France, trouvant les Mexicains indignes de sa protection, renonçait à assurer leur bonheur et les laissait dans l'impénitence finale.

Toutefois, le chauvinisme battu en brèche par la presse et le théâtre perdait du terrain. Les idées nouvelles sur la fraternité des peuples faisaient tout doucement leur chemin. On commençait à comprendre que la gloire est un mot pompeux qui sert à recouvrir une monstruosité. Les chemins de fer, en supprimant les distances, effaçaient peu à peu les frontières. Les expositions internationales, en tournant vers les luttes pacifiques de l'industrie l'émulation et l'activité des peuples, et en les conviant tous au grand banquet de la civilisation, resserraient encore ces liens. Un moment l'on put croire que le rêve caressé il y a deux siècles et demi par Henri IV allait se réaliser. Les rois mêmes paraissaient suivre le courant. N'avions-nous pas vu tous les princes de l'Europe et M. de Bismark avec eux se pâmer d'aise aux plaisanteries équivoques de cette *Grande-Duchesse* qui faisait si bon marché de leur gloire militaire et effeuillait si gaillardement leurs lauriers?

Vainement les points noirs (style officiel) se multipliaient à l'horizon. A part quelques esprits clairvoyants, que la vanité nationale n'aveuglait point, les progrès menaçants de la Prusse n'effrayaient personne. Si elle avait vaincu l'Autriche à Sadowa, nous l'avions écrasée à Solférino. Si elle avait le fusil à aiguille, n'avions-nous pas le chassepot *qui avait fait merveille* à Mentana? Qu'elle se permît de bouger, et d'une chiquenaude nous la rejetterions sur le Rhin. Certes elle y regarderait à deux fois avant d'engager une partie aussi périlleuse!

L'affaire du Luxembourg, qui un moment avait failli mettre le feu aux poudres, s'était dénouée pacifiquement. Toute cause de conflit semblait écartée. Le plébiscite, en confirmant par sept millions et demi de suffrages un régime qui venait de prendre pour devise : *L'Empire c'est la paix*, acheva d'endormir les défiances. Des sept millions de citoyens qui votèrent pour le maintien de la monarchie impériale, il n'y en eut peut-être pas cent qui, en déposant leur *oui* dans l'urne, ne crussent fermement assurer la paix de l'Europe.

Question Hohenzollern. — Stupéfaction du pays en voyant que la guerre
est déclarée. On la réprouve généralement, mais on s'y résigne trop
facilement dans l'espoir du succès. — Simple hypothèse. — Le monde
renversé. — Napoléon III à Berlin.

La France sommeillait donc tranquille sur l'oreiller du
plébiscite, quand un beau jour, M. Ollivier vint dénoncer
à la tribune les menées de M. de Bismark et son projet
de restaurer la monarchie espagnole au profit d'un Hohenzollern. Tout d'abord on s'en émut peu. Le prince était
parfaitement inconnu du public. L'almanach de Gotha
savait ses titres à la succession d'Isabelle ; c'était tout.
Qu'il lui prît ou non fantaisie de ramasser sa couronne,
c'était affaire entre les Espagnols et lui. A ces fantaisies-là
on risque sa tête, témoin Maximilien. Ainsi raisonnait l'opinion publique, plus sage en cela que le ministère. On sait
depuis longtemps ce que valent les alliances fondées sur la
parenté. Le premier écolier venu, qui a appris au collége
l'histoire de Louis XIV et de Napoléon, vous le dira. L'Europe pouvait dormir en paix ; le danger n'était que pour le
prince. Lui-même le comprit ainsi, puisqu'il renonça de
bonne grâce à faire le bonheur des Espagnols. On pensait

l'affaire arrangée, et tout le monde respira d'aise. — Huit jours après la guerre était déclarée.

Pour le coup on crut rêver. Que s'était-il donc passé? Guillaume, obsédé des visites de M. Benedetti, lui avait fermé sa porte un peu trop brusquement. Cette porte fermée, où d'autres n'eussent vu que la moitié d'un proverbe de Musset, avait été, pour le « ministère des honnêtes gens », un *casus belli*. Vainement M. Thiers s'éleva-t-il de toute son éloquence contre une folie où il entrevoyait la ruine de la France. Il était condamné depuis longtemps au rôle de Cassandre. La droite, qui avait juré de suivre son maître dans l'abîme, vota des deux mains.

En même temps la presse officieuse embouchait la trompette guerrière. La police organisait l'enthousiasme. Le chauvinisme, qui n'était qu'endormi, entendit son appel et courut lui prêter main-forte. C'est lui qui prétendait donner à M. Thiers des leçons de patriotisme en jetant des pierres dans les vitres de son hôtel, c'est lui qui, escomptant nos succès futurs, demandait les frontières du Rhin dans tous les cafés du boulevard et signait des lettres de change pour le jour de notre entrée à Berlin.

Quand on songe aujourd'hui à ces folles provocations, tirées chaque jour à plusieurs milliers d'exemplaires, où, sous prétexte d'échauffer le patriotisme, on appelait la France à la curée de l'Allemagne, que peut-on penser, sinon que dans la vie des peuples comme dans celle des individus, il y a des heures où la raison chancelle et où la politique relève de la médecine. *Quos vult perdere Jupiter dementat.* Cette minute d'égarement, Paris devait la payer si cher, il a été si héroïque dans son martyre, qu'on oublie sa faute pour ne plus voir que la grandeur de l'expiation. Mais la faute n'était pas moins commise.

La province eut plus de tenue. Son bon sens un peu égoïste la servit. Ce n'est pas qu'on y eût la moindre inquiétude du succès. Moins qu'ailleurs peut-être on en doutait. Un mauvais Français pouvait seul avoir de ces idées. N'avait-on pas vu l'aigle impériale voltiger comme un papillon de Sébastopol à Pékin ? Ce n'était pas le fusil à aiguille qui l'arrêterait dans son vol.

Toutefois le repos est si douce chose qu'on reprochait à l'Empire d'avoir troublé cette quiétude. On blâmait unanimement la guerre, mais on se résignait à la victoire pourvu qu'elle ne se fît pas trop attendre. Au fond même on était bien aise de rappeler à M. de Bismark que le soldat français n'est pas le second soldat du monde. Supposons un instant que la fortune se fût faite jusqu'au bout complice de Bonaparte ; qu'il fût entré vainqueur à Berlin. Quels transports au retour ! Quel triomphe ! Napoléon IV en eût eu sa part. J'en appelle aux sept millions de Français qui ont mis vingt ans à s'apercevoir que les mitraillades de décembre assuraient à Napoléon III une place de faveur (les rangs sont pressés) dans la galerie des criminels d'État. Tous ceux qui ont attendu au lendemain de Sedan pour donner au despote tombé le coup de pied que vous savez, lui eussent jeté des fleurs.

Car enfin ce qu'ils reprochent à l'Empire, ce n'est pas le principe même de la guerre, c'est d'avoir engagé la lutte sans y être préparé. Eh bien, nous le disons sans hésiter. Ce sentiment-là est misérable. C'est avec de pareils compromis qu'on pervertit la conscience publique. Qu'on le crie sur le toits : Jamais — en politique comme dans tout le reste — jamais le succès ne doit, ne peut être une cause d'absolution. Napoléon III vainqueur à Berlin n'en fût pas moins resté pour nous responsable de l'abominable massacre qui a ensanglanté l'Europe pendant six mois.

Napoléon III partit en guerre. Qu'on nous passe l'expression. Quand il s'agit d'une aussi folle équipée, le refrain populaire vient naturellement sous la plume. Il partait *le cœur léger*. M. Ollivier prit la peine de nous l'apprendre. Nous nous en doutions bien. Après tout, il ne risquait que la vie de ses soldats. La sienne était trop précieuse pour l'exposer au hasard d'une bataille. C'est la règle. Le peuple se fait tuer. Le prince arrive en chaise de poste et escamote la victoire. L'histoire est une supercherie. Cette fois du moins il n'escamota que la honte.

Avait-il un plan? On pourrait presque en douter. Il comptait sans doute surprendre la Prusse, la frapper à l'improviste, sans lui laisser le temps de s'organiser, provoquer la défection des Bavarois et marcher sur Berlin.

Il fut pris à son piége. Grâce à la puissance de son organisation militaire, la Prusse n'avait besoin que de trois semaines pour mettre en ligne son immense armée. Le prince impérial eut à peine le temps de ramasser une balle morte à Sarrebruck (le baptême du feu). En quelques jours nous étions cernés, enveloppés, coupés, dispersés. L'incapacité des chefs avait commencé l'œuvre, l'artillerie des Prussiens l'avait achevée. L'honneur du soldat restait intact ; l'ennemi même lui rendait cette justice

Il n'entre pas dans notre plan de retracer ici les douloureuses étapes de Wissembourg à Sedan. Freschwiller, Reischoffen, Gravelotte, Mars-Latour se ressemblent comme deux gouttes de sang. Nous n'examinerons pas non plus si, après la faute impardonnable commise par l'Empereur à Sedan, la capitulation fut ou non une nécessité.

Il nous semble malheureusement prouvé qu'une fois prise dans cette souricière, l'armée, sous peine d'une destruction totale, était fatalement condamnée à déposer les armes. Quoi qu'il en soit, la responsabilité de la capitulation ne saurait retomber que sur une seule tête.

Ce que nous voulons marquer surtout, c'est la prodigieuse rapidité des succès de l'ennemi et l'impression de profonde stupeur causée par nos défaites. Si nous n'étions point prêts pour une guerre offensive — l'expérience l'a trop prouvé — nous l'étions bien moins encore pour une lutte défensive. On n'avait pas songé que la France pût être envahie. Nous nous rappelons avoir vainement cherché à Paris, au mois d'août, une carte du théâtre de la guerre pour y suivre la campagne de 1870. L'Alsace et la Lorraine n'y figuraient que pour mémoire. Les géographes eux-mêmes n'avaient point prévu que la lutte pût dépasser le Rhin. Quelques semaines seulement s'étaient écoulées, et l'ennemi, vainqueur sur tous les points, poussant devant lui nos soldats débandés, venait d'anéantir d'un coup de filet nos dernières ressources. Quinze jours après, Paris était investi.

Jamais, à aucune époque de l'histoire, la France ne s'était trouvée dans une situation aussi désespérée. En 93, nous l'avons vu, même au plus fort du péril, nous avions encore des armées aux frontières, entamées, il est vrai, capables pourtant d'inquiéter l'ennemi et de lui disputer le terrain pendant que la levée en masse s'organisait. Après Sedan, la France était littéralement désarmée.

Nous n'avions ni soldats ni munitions. Nos arsenaux étaient vides. La garde mobile n'avait jamais existé que sur le papier. La garde nationale avait disparu avec l'Empire. Le gouvernement, qui en dépit des sept millions de suffrages n'avait jamais eu qu'une confiance très-médiocre dans l'amour de son peuple, s'était toujours refusé à mettre aux mains des populations des armes, qui, un jour d'émeute, se fussent tournées contre lui. D'ailleurs, qu'eussent pu faire contre le flot toujours grossissant de l'invasion quelques citoyens démoralisés, agissant isolément, sans direction, au hasard d'une défense improvisée? Le découragement était partout.

On avait vu se fondre en un moment des armées qu'on

pensait invincibles ; là où avaient échoué si tristement des troupes régulières, munies de chassepots et de mitrailleuses, comment espérer la victoire ?

On s'étonne que des villes de cinquante mille âmes et plus aient ouvert leurs portes sans même tenter un simulacre de résistance. Nancy se laisse traverser impunément par quelques uhlans. La France s'indigne. Nous ne comprenons pas cette indignation. Il semblait que l'honneur de Nancy tînt à la vie de huit ou dix uhlans. Trois ou quatre gamins embusqués avec un fusil au détour d'une rue pouvaient les jeter à terre. Il n'était pas besoin pour cela d'être un héros. Mais si ces uhlans étaient suivis d'une armée, à quoi bon ? L'ennemi eût-il été moins fort pour avoir perdu dix hommes de plus ?

Châlons-sur-Marne est menacé par une colonne prussienne. A son approche, quinze cents soldats, qui se trouvaient dans la ville, reçoivent l'ordre de se replier. Châlons est abandonné à lui-même. Le maire, consulté par quelques habitants sur l'opportunité de la résistance, la juge impossible, insensée. Aussitôt du Nord au Midi on lui jette l'anathème.

Plus tard Rouen, réduit aux mêmes extrémités par la retraite précipitée des mobiles, suit l'exemple de Châlons. Du Rhône à la Loire un cri de réprobation s'élève.

Après Rouen, Orléans. Des bords de la Garonne aux Bouches-du-Rhône les imprécations recommencent.

Raisonnons pourtant. Qu'une ville ouverte, même dans les conditions les plus désastreuses, tienne bon ; si, en retenant quelques jours ou seulement quelques heures l'ennemi sous ses murs, elle doit permettre à une armée en marche d'arriver jusqu'à elle et sauver le pays au prix de sa ruine, rien de mieux. Mais si cette résistance désespérée n'a d'autre effet que d'amener la destruction d'une cité florissante sans profit pour la patrie, ce n'est pas seulement une folie, c'est une faute. Qu'une poignée de braves, plutôt que de céder au vainqueur, se jette au-devant de la mitraille, c'est un suicide héroïque : chacun est maître de sa vie. Mais avez-vous le droit, sans une nécessité absolue, d'exposer à une mort affreuse des milliers d'existences, et croyez-vous que votre honneur ait besoin pour se purifier de ce baptême du sang ?

Je laisse de côté la question d'humanité. « Que chaque Français tue son Prussien, disaient les partisans de la guerre à outrance, et la Patrie est sauvée. » Le programme est simple. Reste à l'exécuter. Et en effet cet argument, qu'on a reproduit à satiété, est puéril, du moment qu'on ne combat point à armes égales. Supposons un instant que Nancy ou Rouen (le nom n'y fait rien) ait eu la fantaisie de résister. Pendant que les habitants élevaient péniblement leurs barricades, l'ennemi établissait tranquillement ses batteries à quelques kilomètres, et en sûreté derrière ses canons bombardait la ville. La ville était brûlée d'abord ; ensuite elle se rendait. En vérité si la France eût été défendue, comme le voulaient certains stratégistes de carrefour, elle eût été ruinée pour un siècle. Les Prussiens n'en demandaient pas tant.

A l'appui de ces belles théories, on nous cite l'exemple de Moscou et de Saragosse. Est-il bien nécessaire de faire toucher du doigt l'absurdité de cette comparaison ?

Moscou détruit, que restait-il à Napoléon ? Un désert de glace, où son armée encombrée de traînards et de malades, épuisée par les fatigues et les privations, décimée par les Cosaques, devait périr fatalement de froid, de faim et de misère. Nancy ou Châlons incendiés, pense-t-on que Guillaume eût été bien entravé dans sa marche ? Et l'Espagne de 1812, avec ses plaines arides, ses gorges inaccessibles, repaire éternel de bandits, son ciel de feu, ses fleuves sans eau, son sol desséché, sans chemins, sans communications entre les provinces, dénuée de toute ressource pour une armée en campagne, quel point de ressemblance a-t-elle avec la France de 1870, que sillonnent en tous sens les routes et les chemins de fer ; où pas un pouce de terrain n'est sans culture, où la vie et la richesse agricole surabondent au point que huit cent mille Allemands, mis chez elle à l'engrais, ont pu la pressurer six mois durant sans parvenir à l'épuiser.

Tous ces avantages tournaient contre nous. Les chemins de fer, qui ont si étrangement modifié les conditions de la stratégie moderne, loin de venir en aide à la défense, la paralysaient. Ils ne pouvaient nous servir à transporter des troupes et un matériel qui n'existaient plus. L'ennemi au contraire en profitait pour jeter en quelques heures des masses énormes sur un point donné, et multipliait ainsi ses forces déjà excessives pour écraser nos armées à peine réformées. Le télégraphe, en mettant réellement et non plus seulement par une fiction métaphorique dans la main du général en chef tous les fils mystérieux qui servent à faire mouvoir une armée, et en le faisant assister en quelque sorte simultanément aux actions les plus lointaines, allait devenir aussi un terrible auxiliaire de la Prusse et contribuer à la rapidité foudroyante de ses opérations.

En présence d'une situation aussi désespérée, si les villes
étaient désarmées, pouvait-on raisonnablement attendre
des campagnes même un semblant de résistance ? Pour que
cette résistance fût, je ne dis pas efficace, mais possible, il
eût fallu que tous les villages d'un même arrondissement
fussent préalablement reliés entre eux, prêts à se lever au
signal indiqué et à courir se ranger sous les ordres d'un
chef reconnu.

Ce lien manquait complétement. Dans les pays envahis,
deux communes séparées seulement par quelques kilomètres étaient souvent plus loin l'une de l'autre que Marseille
et Paris, même après l'investissement. Pas de nouvelles,
ou bien une avalanche de nouvelles absurdes, insensées,
tombant sans relâche sur une population affolée, venues on
ne sait d'où, immédiatement colportées, grossies encore
par l'ignorance, partout redoublant la terreur. Tout à coup
l'ennemi apparaissait, souvent par deux ou trois routes à la
fois, avec ses bandes merveilleusement disciplinées, sa for-
midable artillerie, ses équipages de ponts, son matériel

télégraphique, tout cet attirail de guerre préparé avec une si infernale prévoyance.

Le paysan assistait avec stupeur à cet interminable défilé; il voyait l'envahisseur s'engager sans hésiter dans les moindres chemins de traverse, couper au court, marquer à l'avance ses étapes, comme un enfant du pays. Nul doute pour lui que la France ne fût vendue.

Les idées de trahison, si promptes à germer dans les cervelles aux moments de crise, fermentaient dans toutes les têtes. Nous en parlons sciemment. Nous étions en Champagne au début de l'invasion. Il est malaisé de se figurer la foi aveugle que les campagnes avaient dans la fortune militaire, eh! mon Dieu, disons le mot, dans le génie de l'Empereur. On n'admettait pas qu'un Napoléon pût succomber autrement que par trahison. Une chose paraîtra incroyable à quiconque n'a point vécu dans ces contrées, où le fétichisme impérial a poussé de si tristes racines : c'est qu'au lendemain de Sedan, ce qui toucha le plus vivement le cœur du paysan, ce fut moins la capitulation de notre armée que la captivité de l'Empereur. Jusqu'au dernier moment, et alors même que son incapacité crevait les yeux, les campagnes crurent à Napoléon et à son étoile.

Triste fruit des victoires du premier Empire! On s'étonne que ces glorieux souvenirs n'aient pu produire chez le paysan qu'une idolâtrie stérile pour le nom de Bonaparte. On pensait que, retrempant son patriotisme aux sources de

1814, la Champagne allait se soulever comme un seul homme. Les temps étaient bien différents. L'invasion en 1814 n'avait point les allures triomphantes qu'elle aura en 1870. Réduite à disputer le terrain pied à pied à Napoléon, vaincue par lui dans toutes les rencontres, elle s'avançait timidement, l'œil aux aguets, comme effrayée de sa hardiesse. Le paysan qui l'avait vue tourner le dos si piteusement à Champaubert, à Montmirail, à Vauchamp, ne craignait plus de se mesurer avec elle; et, tout fier de prendre sa part de la victoire, il courait mettre au service de son Empereur sa connaissance des lieux et ses ruses de braconnier. Ce rôle du paysan, nous craignons que la légende ne l'ait singulièrement grandi. Servir de guide aux armées dans les passages difficiles, avertir les généraux de la présence de l'ennemi, au besoin s'embusquer au coin d'un bois et y dépêcher quelques traînards isolés, voilà, je pense, toute son épopée. Si l'on réfléchit bien, on verra qu'il ne pouvait faire plus. Nous y ajouterons, si vous voulez, certains repas assaisonnés d'arsenic, qui, au dire des anciens du pays, couchèrent plus de Prussiens dans la tombe que les balles des meilleurs tireurs. Ce mode de défense en 1870, paraît-il, n'était plus du goût de nos compatriotes. Ce n'est pas nous qui nous en plaindrons. Nous savons que tel n'est point l'avis de tous les Français, et nous avons lu pendant la guerre plus de cinquante dissertations destinées à prouver que tous les moyens sont légitimes pour se débarrasser d'un ennemi. Ces doctrines nous répugnen... Jamais notre patriotisme n'ira chercher ses armes chez le pharmacien.

Un des reproches les plus graves faits aux paysans en 1870, c'est de n'avoir pas soutenu les francs-tireurs dans leur lutte contre l'ennemi ; c'est de leur avoir bien souvent fermé leur porte quand ils l'ouvraient à deux battants aux Prussiens. Ce grief n'est pas fondé. Qu'il se soit commis çà et là quelques infamies ; je ne le nie pas : il y a des coquins en tout temps et en tout pays. Que maintenant les paysans aient généralement fait fort mauvais ménage avec les francs-tireurs, c'est une vérité incontestable. Mais la faute en est surtout aux francs-tireurs. On peut bien le dire aujourd'hui. Cette institution des corps francs, dont on fit tant de bruit à l'origine et qui devait sauver la France, avorta presque partout. Le jour où le ministre de la guerre, en les mettant à la disposition du pouvoir militaire, les fit rentrer dans les cadres de l'armée régulière, on vit clairement qu'on s'était complétement mépris sur leur importance. Dans les provinces occupées par l'ennemi, ils subsistèrent cependant avec leur organisation distincte et devinrent pour le pays un vrai fléau. Composés généralement (j'ouvre une colonne pour les exceptions) de gens d'une moralité douteuse ; faisant sonner bien haut leur patriotisme sans parvenir à se prendre eux-mêmes au sérieux ; obligés de vivre aux dépens des habitants ; trop faibles ou trop mal armés pour entrer en lutte avec l'ennemi, leur rôle se bornait forcément à surprendre quelque convoi mal gardé, à tenter un coup de main sur les bestiaux destinés aux Allemands. Qui en pâtissait ? La Prusse ? Point. Toute-puissante dans les provinces militairement occupées par elle, la répression lui était trop facile pour qu'elle se risquât jamai à la poursuite d'un ennemi protégé par sa connaissance du pays, et qui au fond, en donnant prétexte à ses exactions, servait ses projets. La commune la plus voisine était rendue responsable du délit, frappée d'une énorme amende, ruinée du coup, et tout était dit. Le commandant prussien y avait gagné quelques sacs d'écus. Quant aux bestiaux capturés, ne pensez pas qu'il fissent retour à l'habitant. Vendus à vil prix, ils servaient à garnir l'escarcelle du franc-tireur et passaient peu à peu chez le marchand de vin, sous forme de bons écus à l'effigie du vaincu de Sedan. Comprenez-vous pourquoi le franc-tireur était la bête noire du paysan ?

L'honnour national exigeuit-il qu'on continuât la lutto après Sedan ? — Pourquoi la République du 4 septembre est impuissante à recommencer l'œuvre de 93. — Attitude des puissances étrangères. — Ce qu'il faut penser de l'égoïsme de l'Angleterre.

Nous sommes de ceux qui croient qu'il n'y avait pas de honte à traiter après Sedan. On nous dit que la France n'avait pas assez fait pour l'honneur. Si dès le 4 septembre on eût pu lire clairement dans l'avenir, si on eût pu établir aux yeux de tous que la guerre, en se prolongeant, ne pouvait qu'aggraver nos revers sans amener pour nous des conditions meilleures, quel homme sensé eût osé s'opposer à la conclusion immédiate de la paix? Car enfin continuer une lutte sans espoir, épuiser nos finances, sacrifier des milliers d'existences à une question d'amour-propre national, tout cela pour donner au monde une preuve plus sanglante de notre impuissance, je ne vois point qu'il y ait là pour l'honneur du pays une revanche si éclatante. Pour ceux qui, politiquant loin de la mitraille et organisant la victoire à cent lieues du champ de bataille, voulaient que la Lorraine et la Champagne s'ensevelissent sous leurs ruines, et, le dos au feu, le ventre à table, décrétaient le suicide de la France, nous ne pensons point qu'il soit nécessaire de leur répondre.

Le malheur est qu'on croyait encore à la possibilité du succès. On fermait les yeux pour ne point voir la supériorité écrasante et inévitable de l'armée prussienne. Le gouvernement du 4 septembre partagea l'illusion commune. Qu'il le voulût ou non d'ailleurs, il y était poussé malgré lui. Il est certain que le fameux mot de Jules Favre : « Pas un pouce de notre territoire, pas une pierre de nos places fortes » était plus qu'imprudent : en politique on ne doit pas se lier les mains. Mais ce programme lui était imposé par l'opinion. Tenter d'y résister, c'était folie. Le courant l'eût emporté. Mieux valait-il essayer de le diriger qu'abandonner la situation à quelques énergumènes, affamés de pouvoir, qui, sous prétexte d'appliquer au salut du pays des mesures radicales, l'eussent mené radicalement au précipice. On l'a trop vu depuis.

La grande erreur du parti républicain fut de croire (les chefs le crurent-ils?) qu'il suffisait de proclamer la République pour réveiller l'enthousiasme et sauver le pays. Ici encore les souvenirs de 93 égaraient l'opinion en provoquant des rapprochements erronés entre deux époques essentiellement différentes. Ces différences, nous les avons indiquées plus haut. Lorsqu'en 93 le Comité de salut public décrétait « que les vieillards se feraient porter dans les carrefours pour y exciter à la haine des rois, » il était sûr de trouver de l'écho dans le cœur des millions de prolétaires que la République venait d'affranchir et sur qui

dix siècles de royauté féodale pesaient comme une honte.
République était synonyme de revendication. Aujourd'hui
que le dernier des vilains est devenu propriétaire, que ses
droits de citoyen sont inscrits en toutes lettres dans le Code
civil, peu lui importent les écarts et les abus du pouvoir.
Il n'en souffre guère. En bonne foi peut-on s'étonner que
le peuple des campagnes fermât l'oreille aux accusations
dirigées contre le régime déchu, j'entends le peuple
illettré, tenu systématiquement dans l'ignorance par la
coalition du clergé et de l'Empire? C'est la pensée surtout
qui est opprimée sous un gouvernement despotique. De ce
côté que peut craindre le paysan? Je défie bien le pouvoir
le plus absolu de l'atteindre. Qu'importe la liberté de la
presse à qui ne sait pas lire, ou n'a jamais lu que le
Moniteur des Communes? La liberté de la boucherie et de
la boulangerie font bien mieux son affaire. Ce qu'il appré-
hende surtout, ce sont les révolutions. Le spectre rouge,
usé dans les villes, est resté jusqu'au bout l'épouvantail des
campagnes. La République de 1848 y est représentée
sous la forme d'une caisse à double fond où tombe et dis-
paraît l'impôt des 45 centimes. Il faut avoir entendu les
cris de terreur comique poussés dans certains villages au
4 septembre, pour se faire une idée des leçons d'histoire
que l'Empire donnait à ses électeurs. Personnellement
nous avons eu toutes les peines du monde à démontrer à
d'honnêtes paysans, effrayés de la composition du gouvernement provisoire, que MM. Jules Simon et Pelletan
n'avaient jamais comparu en justice pour vol qualifié. Ceci
a l'air d'un conte ; c'est malheureusement de l'histoire.

Faut-il en profiter pour jeter la pierre au paysan? Instruisez-le. Ce sera plus juste et plus politique.

Une autre illusion du Gouvernement du 4 septembre fut de penser qu'il pourrait compter sur les puissances étrangères. On supposait que nos malheurs avaient largement racheté nos fautes, et qu'en perdant la partie nous avions reconquis les sympathies de l'Europe. Les encouragements hypocrites prodigués par la presse étrangère donnaient le change à l'opinion. Au fond, l'Europe trouvait que la leçon n'était point suffisante, si la France sortait de la guerre, humiliée seulement, non amoindrie.

La Prusse exploitait jusqu'au bout son rôle d'offensée. appuyant ses arguments du canon Krupp. Il nous fallait payer les folies de Napoléon. Vainement prétendions-nous que les fautes de l'Empire n'étant point les nôtres, on ne pouvait sans injustice nous rendre responsables d'une guerre que l'immense majorité de la nation eût répudiée. Les lois de la politique n'ont malheureusement point cette suprême équité qui règle les délits ordinaires. Elles veulent que les peuples soient solidaires des gouvernements qu'ils ont consacrés de leurs suffrages. C'est le châtiment de leur faiblesse ou de leur aveuglement. M. Thiers put se convaincre de cette vérité en parcourant les cours étrangères.

A supposer même que les sympathies des puissances fussent acquises à la République du 4 septembre (et bien d'autres raisons, ne fût-ce même que la raison monarchique, s'y opposaient) le Gouvernement provisoire avait aux yeux des cabinets européens une tache originelle que le baptême électoral pouvait seul effacer. Parfaitement légitime pour la France, qui se ralliait de tout cœur au seul pouvoir capable de lui donner la sécurité au dedans et de la diriger dans sa lutte contre l'ennemi du dehors, il avait besoin, pour se faire accepter des cours étrangères, d'une consécration plus régulière.

Les peuples qui ne s'embarrassent point des complications diplomatiques et qui suivent leur instinct sans regarder devant eux, pouvaient penser différemment. C'est ainsi qu'une fraction notable du peuple anglais manifesta tout haut son désir de soutenir la France et prétendit dans ses meetings imposer sa volonté au ministère. Les masses ne s'inquiètent point des obstacles. Advienne que pourra ! Cette politique de casse-cou, qui fut malheureusement celle de l'Empire, ne saurait convenir à un gouvernement, dépositaire des intérêts de toute une nation et son tuteur responsable. M. Gladstone tint bon, et, ayons le courage de le reconnaître, au point de vue de l'Angleterre, n'eut pas tort. Ce n'est pas une mince affaire que d'engager d'un coup les finances, la réputation, l'existence même d'un peuple pour réparer les bévues du voisin. Un ministre ne doit point oublier que le jour où il signe une déclaration de guerre il signe l'arrêt de mort de cent mille citoyens, au bas mot. Les moindres triomphes coûtent cela. Si le cabinet anglais eût pris parti pour nous, la Russie sortait de sa neutralité et se mêlait au conflit. L'Europe était en feu. La France était-elle sauvée ? C'est douteux.

A défaut d'un secours plus efficace, le peuple anglais voulut, du moins, témoigner de ses sentiments d'humanité en ouvrant sa bourse aux victimes de la guerre. Il le fit avec une générosité qu'on a, ce semble, trop vite oubliée. Nous avons eu sous les yeux le total des sommes versées pour nos blessés. Il dépasse douze millions.

Situation désastreuse faite au Gouvernement par l'investissement de Paris. — La centralisation de l'Empire porte ses fruits. — Gambetta en ballon. — La besogne du ministre de la guerre.

Le voyage de **M.** Thiers avait dissipé toute illusion. Nous n'avions rien à attendre de l'Europe. La démarche désespérée tentée par Jules Favre à Ferrières devait échouer fatalement devant l'inflexible ténacité de **M.** de Bismark. La position du ministre des affaires étrangères était singulière. Enfermé dans ce cercle de Popilius qu'il avait tracé lui-même, enchaîné par une déclaration qu'il n'était plus maître de modifier, il voyait la situation de plus en plus compromise, il sentait la nécessité d'obtenir la paix, même au prix des plus douloureux sacrifices, — et ces concessions, il lui était défendu de les faire. Coûte que coûte il fallait continuer la guerre.

On ne saurait trop insister sur la situation étrangement désastreuse qui était faite au Gouvernement par l'investissement de Paris. Réduit à attendre des caprices du vent ou de l'instinct d'un pigeon transformé en courrier d'État ses communications avec la province, il sentait dans son isolement les tristes vérités contenues dans l'apologue de Ménénius Agrippa. En 93, le Comité de salut public à travers tous les obstacles amoncelés sur sa route par l'invasion

étrangère et le soulèvement des provinces royalistes con-
serva du moins jusqu'au bout son unité d'action.

Cette unité était peut-être plus. nécessaire encore en
1870. L'excessive centralisation de l'Empire, en faisant de
Paris le grand entrepôt du pouvoir, avait tué l'initiative de
la province. Paris était capitale dans toute l'énergie du
mot : tête et cœur. Habituée à recevoir de lui la vie et la
pensée, la province pouvait être comparée à un individu
auquel on aurait enlevé les nerfs de la volonté et du mouvement. M. de Bismark le savait bien. Aussi avait-il donné
à l'investissement la patience et l'attention minutieuse
qu'on apporte à une opération chirurgicale.

Un moment l'on put croire que Gambetta allait galvaniser
ce cadavre. Le nouveau ministre de la guerre apparut à la
province comme un sauveur tombé du ciel. Son voyage
audacieux à travers les airs, les dangers qu'il avait courus
et que la rumeur publique grossissait, sa jeunesse, son enthousiasme, tout en lui, jusqu'à cette emphase méridio-
nale qui plaît à la foule, contribuait à saisir les imaginations
et à réveiller la confiance. Il en est de la popularité comme
d'une médaille nouvellement frappée, qui passe de main
en main et peu à peu perd son éclat. La sienne, toute neuve
encore, n'avait pas eu le temps de s'user au frottement
quotidien de l'opinion. Sachons lui rendre cette justice ;
tout d'abord il justifia les espérances du parti républicain.
Gambatta a commis des fautes ; il a eu tort, à la fin de sa
dictature, de se laisser emporter à de regrettables excès de
pouvoir ; mais on ne saurait refuser à son activité les éloges

qu'elle mérite. S'il a échoué dans sa tâche, c'est qu'en vérité elle excédait les forces humaines.

On est trop porté à croire que la tête d'un ministre est un vaste casier d'où l'on peut tirer à volonté toutes les pièces nécessaires à l'administration de son département. Grave erreur. La machine ministérielle se compose d'une foule de rouages très-compliqués et qu'on n'emporte point en ballon. En d'autres termes, un ministre est le chef d'un état-major d'employés de tout grade, dont il lui est aussi malaisé de se passer qu'à un général de se passer d'officiers. Quant tout fonctionne régulièrement, un changement de cabinet reste à peu près inaperçu. C'est une Excellence qui cède la place à une autre Excellence. Rien de plus. Le nouveau titulaire trouve en débarquant tout son personnel à son poste. Si l'on songe néanmoins aux lenteurs qui accompagnent, même dans les conditions ordinaires, la simple expédition des affaires courantes, que pouvait faire Gambetta avec un service incomplet, désorganisé, recruté de droite et de gauche, forcément dénué de l'expérience qu'à défaut même de talent donne la simple routine ?

Et quelle besogne ! Non pas seulement réorganiser, mais créer, c'est-à-dire tirer du néant. Faire sortir de terre trois cent mille soldats, les enrégimenter, les classer, les armer, les habiller, les nourrir, les instruire. Besogne multiple, qui exigerait, pour être menée à bien, les loisirs et les ressources de la paix, qui n'avait pas demandé aux Prussiens moins de six années, exécutée par nous au pas de course, bâclée en quelques mois, en quelques semaines, presque sous le canon de l'ennemi. Quand les cadres existent, le travail est tout tracé. Les conscrits viennent boucher les vides, se mêlent aux anciens, apprennent d'eux non-seulement la manœuvre, l'exercice, mais, ce qui s'enseigne plus difficilement, le respect de la discipline, l'habitude des privations, le mépris du danger, toutes les vertus qui font le soldat. L'exemple des camarades est le meilleur des instructeurs. Rien de tout cela n'était possible. Le peu de vieilles troupes qui avait échappé à nos désastres avait servi à former le noyau de l'armée de Paris.

Et pourtant là était peut-être encore la moindre difficulté. Lever des soldats n'est rien. La grosse question est l'équipement et l'entretien. Se figure-t-on ce que c'est seulement que d'habiller deux ou trois cent mille conscrits? Il faut passer des marchés avec une légion de fournisseurs, de fabricants, de trafiquants de tout bord et de toute religion. On connaît le mot de ce surintendant de Louis XIII, à qui l'on reprochait d'avoir manqué à sa parole : « La bonne foi est une vertu de marchand. » Si l'on en juge par les condamnations portées pendant la guerre contre certains fournisseurs, cette vertu est devenue rare de nos jours. La bonne foi des marchands vaut celle des surintendants. On s'aperçoit trop tard que les vareuses des mobiles ne suffisent pas à les défendre du froid; que les semelles de ses chaussures sont en carton, et qu'il marche pieds nus dans la neige à la troisième étape. En revanche, l'ennemi, chaudement vêtu, cuirassé de flanelle, se rit de l'hiver dans ses campements ou dans nos villes, guettant le moment de tomber sur nos soldats démoralisés et vaincus d'avance.

Après l'habillement, l'armement. C'est une chose qu'on n'improvise guère, aujourd'hui surtout. En 93, le Comité de salut public demandait des armes aux ateliers nationaux. Le fusil à longue portée n'existait point. La fabrication était plus simple. Avec les armes perfectionnées, la difficulté augmente. On s'adresse bien à l'Angleterre et à l'Amérique. Mais tout cela ne se fait pas en deux jours. L'ennemi entrave nos marchés par mille moyens. L'artillerie manque. Ce n'est pas une mince affaire de la remplacer. Il faut fondre des canons qui puissent rivaliser avec le canon Krupp. On n'a guère le temps de faire des essais et des inventions. Avec cela, la précipitation est cause d'une foule d'erreurs. Les cartouches *à blanc* se glissent dans le sac du soldat, qui crie à la trahison.

Et l'entretien ! Grosse affaire quand il s'agit de pourvoir à la subsistance d'une armée en marche, incertaine de la route qu'elle suivra, obligée de régler ses mouvements sur ceux de l'ennemi. Assurer son service au milieu de tous les contre-ordres qui s'entrecroisent, c'est pour l'intendance un rôle fort délicat, les moindres erreurs ayant comme conséquence un jeûne forcé pour les troupes. C'est malheureusement ce qui arriva journellement dans cette guerre où nos soldats furent parfois condamnés à une abstinence de plus de vingt-quatre heures. Or, tous les vieux troupiers vous diront qu'en campagne un soldat qui a le ventre vide fait de maigre besogne.

Dans ces conditions, doit-on s'étonner que nos mobiles
n'aient pas montré sur le terrain toute la solidité que ré-
clamait leur patriotisme ? Les infortunés ! Leur a-t-on pro-
digué l'injure ! A-t-on assez flétri leur couardise ! Bien
injustement, à mon sens. Arrachés tout à coup à leurs
foyers, jetés sans transition dans la mêlée, en face de l'ennemi le plus redoutable et le mieux organisé qui fût jamais,
sans la moindre idée de la discipline ni des manœuvres, la
plupart ignoraient jusqu'au maniement de leur fusil. On ne
nous accusera point d'exagération. A Arthenay, par
exemple, ils connaissaient si peu le mécanisme du chassepot (ils l'avaient depuis la veille), que leurs balles, perdues
pour les Prussiens, allaient frapper en plein leurs camarades
à quelques centaines de mètres. Les malheureux s'étaient
trompés de plusieurs crans en réglant la hausse de leurs
fusils. Les chefs n'en savaient guère plus que les soldats.
Pleins de bonne volonté, généralement braves, souvent
intelligents, instruits parfois, mais plus habitués à feuilleter
le code ou les romans nouveaux que la *Théorie*, nullement
faits pour le service qu'on leur demandait, sauf de bien

rares exceptions, ils n'avaient pas la moindre instruction militaire, par suite, aucune autorité sur leurs hommes.

Nous les avons vus partir pourtant, officiers et soldats, ardents, enthousiastes, supportent bravement les derniers embrassements de la famille, sincèrement résolus à faire leur devoir. La plupart s'imaginaient qu'il suffisait de courir sus aux Prussiens, et qu'avec de la poudre et des balles deux hommes sont égaux sur le terrain. Ils ne savaient pas que la guerre, telle qu'elle se fait aujourd'hui, n'est pas seulement une guerre savante, mais une guerre scientifique, que les formidables engins dont disposait la Prusse vous fauchent un régiment à 6 kilomètres aussi aisément que le moissonneur son champ de blé, et que cinquante poltrons derrière une bonne batterie d'artillerie, dans une position bien gardée, valent mieux qu'un millier de héros sans canons. Ils n'avaient pas prévu qu'ils auraient à combattre d'autres ennemis plus redoutables encore peut-être, le froid, la neige, toutes les maladies qu'engendrent la mauvaise nourriture, les fatigues excessives, l'insomnie. Les premières semaines se passaient pour eux en déplacements continuels; on les promenait du Sud au Nord, de l'Est à l'Ouest; il fallait bien reculer devant l'envahisseur en attendant que les corps fussent constitués. Leur enthousiasme s'usait avant l'heure; les mauvaises nouvelles se succédant, le découragement venait, puis le dégoût. Un beau jour on leur mettait un chassepot dans la main, puis on les menait à l'ennemi. Salués par une grêle d'obus, mitraillés à d'énormes distances par un adversaire qu'ils ne pouvaient atteindre, invisible les trois quarts du temps, que vouliez-vous qu'ils fissent? Qu'ils mourussent. C'est la réponse du vieil Horace. Mais si Horace se fût trouvé en face d'une batterie prussienne, il se fût peut-être souvenu qu'il avait des jambes.

Nous avons entendu dire souvent que si le Gouvernement eût témoigné plus d'énergie, s'il se fût montré implacable dans la répression, de façon à ne laisser d'alternative aux chefs et aux soldats que la victoire ou la mort, les choses eussent changé de face. Nous n'en croyons rien. La terreur peut être quelquefois un moyen de maintenir un général dans le devoir — triste moyen — elle sera toujours impuissante sur une armée démoralisée. Quand les délits sont si nombreux, la pénalité devient illusoire, car il n'est plus possible de l'appliquer. On ne pouvait employer une partie de l'armée à fusiller l'autre. Si le Comité de salut public n'avait eu que cette ressource pour entraîner ses patriotes à la victoire, on peut affirmer qu'il eût échoué honteusement. D'ailleurs, l'esprit public réprouvait formellement ces mesures révolutionnaires. Le Gouvernement du 4 septembre, soucieux de sauvegarder l'honneur de la République (ambition légitime s'il en fût), n'ignorant point les défiances qui se tenaient aux aguets, voulait enlever à ses adversaires tout prétexte de le confondre avec les Terroristes de 93. Il fallait montrer aux campagnes que, même au plus fort de la crise, il poussait jusqu'au mépris de ses intérêts son respect de la légalité. Les plus incrédules durent le croire le jour où, condamnant les tendances dictatoriales de la délégation de Bordeaux, elle revendiqua hautement pour ses adversaires les plus déloyaux le droit de venir balbutier à la tribune l'apologie de l'Empire et de ses souteneurs.

On a reproché à Gambetta « d'avoir trompé Paris avec les bulletins de la province et la province avec les bulletins de Paris. » La phrase a fait son chemin. Vous en trouverez le cliché chez les imprimeurs. Il est plus facile de retenir une phrase toute faite que de porter sur les hommes et les choses un jugement motivé. — Mais Gambetta ne nous a point dit toute la vérité. La vérité, sans doute un gouvernement la doit toujours à son peuple, quelque triste qu'elle soit, mais dans un moment où le moral de la nation est ébranlé par tant de secousses, doit-il la dire tout entière, brutalement, sans préparation ? Il y a des esprits qui ne peuvent la supporter, qui s'emportent au premier mot, à qui il est nécessaire d'ouvrir graduellement les yeux. Pour ceux qui, maîtres d'eux-mêmes, envisagent la situation de sang-froid et savent lire entre les lignes, la vérité apparaissait trop clairement.

Gambetta avait mission de réchauffer les courages et d'attiser le patriotisme. Eût-il été bien sage et bien politique à lui de semer la désolation dans les esprits, en ne laissant entrevoir d'autre avenir que la défaite et la ruine ? N'y avait-il point déjà assez de causes de découragement ? N'avait-il pas besoin lui-même, pour continuer la lutte, de s'étourdir, passez-moi le mot, de se griser d'espérance ? Il le fallait bien, pour ne pas plier sous l'écrasant fardeau de la défense. — Est-ce là mentir ? — J'estime que non. — Et vous ? .

Tant que Bazaine n'eut point signé la capitulation de Metz, Gambetta espéra fermement. Jusqu'au dernier moment il s'était nourri d'illusions et la France avec lui. Les journaux anglais qui voyaient les choses d'un œil moins prévenu avaient beau nous crier par la voix de leurs *reporters* « qu'il ne fallait plus compter sur Bazaine, que depuis un mois et plus sa situation était désespérée. » On persistait à croire à des succès invraisemblables, à une sortie devenue matériellement impossible, puisqu'on n'avait plus de chevaux pour traîner l'artillerie. Aussi quel concert de malédictions le 28 octobre ! Gambetta donna le signal. On n'a pas oublié cette virulente circulaire où il flagellait si rudement l'honneur de Bazaine. Je ne sais si les mots changent de sens aux époques de bouleversement et si les révolutions s'étendent jusqu'au dictionnaire; mais que de fois depuis Sarrebruck n'a-t-on point reproduit cette éternelle accusation de trahison ? Tous nos généraux presque l'ont subie. Bourbaki ne s'y est soustrait qu'en se tirant deux coups de revolver. Dieu nous garde d'entreprendre ici la réhabilitation des Failly, des Le Bœuf et de toutes les nullités militaires de l'Empire ! Espérons cependant que pour l'honneur de la France l'histoire rayera leurs noms de la liste des traîtres, celui de Bazaine comme les autres.

Ce n'est pas que nous ayons jamais eu la moindre estime pour cet exécuteur des basses œuvres de l'Empire, devenu maréchal par une erreur de la fortune et le caprice d'un despote. Bazaine s'est fait au Mexique un dossier d'ignominies suffisant pour ôter à quiconque en a feuilleté les pages l'idée de le confondre avec un honnête homme. Nous le tenons pour un ambitieux sans principes, et nous sommes d'un scepticisme à peu près complet à l'endroit de son génie militaire. Malgré ces antécédents, nous ne pensons pas qu'on puisse le ranger dans la catégorie des traîtres.

Nous n'avons pas la prétention d'étudier dans le détail les faits et gestes de Bazaine, ni de juger le plus ou moins d'opportunité de ses sorties et la façon dont elles furent conduites. On l'a fait vingt fois avant nous ; les pièces du procès sont dans toutes les mains. Le lecteur nous saura gré d'éviter des redites. Qu'on nous permette seulement de hasarder quelques observations générales. On a presque toujours le tort, dans les questions politiques, de juger les gens au point de vue exclusif de leurs opinions et de leurs croyances personnelles. On ne tient pas assez de compte des idées préconçues qui peuvent influer sur la conduite d'un homme et faire dévier son esprit de la ligne droite. Pour être tout à fait impartial, il faudrait pouvoir en quelque façon s'abstraire de soi-même (opération difficile, impossible pour beaucoup), penser avec la pensée d'autrui,

4.

se mettre, comme on dit, dans la peau du personnage. Essayons pour Bazaine. C'est un vilain quart d'heure à passer, mais n'importe !

L'accusation de trahison lancée contre lui peut se résumer en ceci : « Bazaine n'a point reconnu la République. Au lieu de se rallier avec tout le pays au Gouvernement de la défense nationale, cédant à l'espoir chimérique d'une restauration bonapartiste, il a sacrifié sa patrie à son ambition, il a trahi la France. » L'argument est spécieux. Si Bazaine, au lieu d'être bloqué dans son camp, isolé de la France républicaine par une barrière infranchissable, eut vécu en communication constante avec le pays, en contact avec l'opinion publique, sa conduite eût été celle d'un traître. Mais à la distance où il était placé, est-il inadmissible qu'un esprit infecté comme le sien de bonapartisme ait pu se méprendre sur le sens de la révolution du 4 septembre. On voit souvent les choses telles qu'on les souhaite. C'est un phénomène d'optique bien connu.

N'oublions pas que le Gouvernement provisoire issu des acclamations de la rue n'avait encore reçu d'autre sanction que cette reconnaissance passive que la masse de la nation accorde toujours et quand même à tout pouvoir en fonctions.

Bazaine qui voyait toujours l'Empire à travers le plébiscite du 8 mai, trompé d'ailleurs par les rapports de l'ennemi, ne pouvait-il croire que la France, tombée aux mains d'un parti, obéissait contre son gré au mot d'ordre de la République en continuant une guerre impossible ? On lui disait que le pays était livré à l'anarchie, que la grande majorité des citoyens, découragée d'une lutte sans espoir, voulait la paix à tout prix (ce n'était pas absolument faux) et appelait de ses vœux le retour de l'Empire, comme étant seul en situation de traiter avec la Prusse. Au milieu de tout cela on lui faisait entrevoir un rôle qu'il avait déjà caressé dans ses rêves. Il n'est point invraisemblable que dans cette cervelle troublée par l'ambition les événements prissent une teinte particulière, et qu'en dépit de la révolution du 4 septembre l'Empire restât pour lui le gouvernement légal. Dans tout cela je vois beaucoup d'aveuglement, peu d'intelligence des événements, un se ns politique profondément perverti, mais je ne vois pas de trahison.

Gardons-nous encore une fois de prodiguer de pareilles accusations qui feraient croire à l'Europe, si elle prenait au sérieux toutes les exagérations des partis, que nous sommes un peuple de traîtres. Réservons cette triste qualification pour les infâmes qui, à d'autres époques de notre histoire ont livré ce qu'ils avaient juré de défendre et vendu leur pays pour quelques sacs d'écus ou quelques bouts de galon. Bourmont, Fouché et d'autres encore dont vous avez le nom sur les lèvres et que vous ne nommez qu'avec dégoût. Félicitons-nous, au contraire, qu'au milieu de tant de secousses et dans une crise si affreuse la France de 1870 ait pu, du moins, rester pure de telles turpitudes, et consolons-nous à la pensée que l'histoire, plus impartiale et mieux informée, réfutera, jusqu'au dernier mot, ce long réquisitoire contre l'honneur national.

Pendant que la province se débattait ainsi sous l'étreinte de la Prusse et voyait tomber avec Metz le dernier boulevard de la défense, que faisait Paris ?

Il attendait la province. Le cercle de fer qui l'étreignait se rétrécissait tous les jours. Les lignes prussiennes faciles à rompre peut-être au début de l'investissement, si nous avions disposé alors des ressources que le temps seul pouvait nous donner, étaient devenues formidables.

La fatalité, à laquelle il faut bien faire sa place dans l'histoire, quelque nom qu'on lui donne, s'acharnait sur nous. Le temps qu'il nous avait fallu employer à organiser nos troupes, à fondre des canons, à fabriquer des armes, à mettre Paris en état de défense, l'ennemi l'avait mis à profit pour amonceler les obstacles, multiplier les tranchées, établir ses batteries. On a écrit des volumes sur le siége de Paris; ce serait folie de vouloir traiter la question en quelques lignes. Aujourd'hui que la lumière est faite, on tombe à peu près d'accord que, dès la fin d'octobre, il était devenu presque aussi difficile aux Parisiens de percer les lignes prussiennes qu'aux Prussiens de prendre Paris de vive force. Nous avons lu quelques-unes des brochures les plus violentes contre Trochu, notamment le réquisitoire de Flourens : *Paris livré!*

Nous y avons trouvé une pelletée d'injures, mais pas une raison sérieuse. L'auteur nous laisse bien entrevoir qu'il y avait un moyen tout simple de sauver Paris, c'était de l'en nommer gouverneur, mais il ne nous fait point part de ses plans.

Son argumentation, la voici en deux lignes : « Les assiégeants étaient deux cent mille à peine. Paris comptait dans ses murs près de cinq cent mille soldats. Donc Paris n'avait qu'à vouloir pour écraser les Prussiens. » Il fallait être aveugle (le mot est parlementaire), comme Flourens, pour baptiser du nom de soldats les trois cent mille gardes nationaux de tout âge qu'il prétendait faire entrer dans l'effectif de l'armée. Leur demander de concourir à la défense des remparts ou des forts, rien de mieux, mais prétendre leur faire tenir campagne, était-ce sérieux ?

Est-il plus juste de faire un crime à Trochu de n'avoir point multiplié les sorties ? S'il avait (les événements l'ont trop justifié) la triste conviction que tout effort pour percer les lignes ennemies était vain, devait-il autoriser le suicide de Paris et charger sa conscience d'un massacre inutile ? L'humanité est une vertu dont les chefs d'armée n'abusent guère. Il n'est pas douteux que depuis longtemps le gouvernement n'avait plus d'espérance. Les nouvelles désolantes de la province ne permettaient plus de compter sur une diversion. Le temps des miracles est passé. Paris tint ferme cependant tant qu'il lui resta de quoi tromper la faim. Guillaume épiait son agonie et la trouvait lente. M. de Bismark, las d'attendre, fit mettre en batterie tous ses canons et convia la presse étrangère au dernier acte du drame. Paris accepta le défi. Il assista au bombardement comme à une pièce de l'Ambigu, lançant un éclat de rire à la Prusse entre deux sanglots. La foule courait aux quartiers menacés et ramassait les obus. L'histoire dira qu'une ville de deux millions d'âmes, réputée pour la plus frivole et le plus sceptique de l'Europe, énervée par vingt ans de jouissances, affamée de bien-être, supporta pendant cinq mois toutes les privations, toutes les souffrances, toutes les angoisses, sans bois pour se chauffer, sans autre nourriture pendant des semaines entières que du pain de son et d'avoine — tout cela, stoïquement, sans une plainte, presque gaiement, jalouse de montrer au monde que si, en politique, la force continue à primer le droit, il peut y avoir cependant plus de grandeur dans la défaite que dans la victoire. Ce qu'elle ne dira point, ce sont les dévouements mystérieux, les souffrances cachées, les sacrifices accomplis dans l'ombre, comme des crimes, tous ces héroïsmes obscurs, connus d'un ou deux témoins et ensevelis pour l'éternité dans les faits divers d'un journal entre un « accident de voiture » ou une réclame industrielle.

Dévouements perdus ! Paris devait subir le sort de Strasbourg et de Metz. Quelle fut son attitude en face de cette suprême humiliation, on le sait. Rien ne manque à la noblesse de son martyre, pas même le coup de pistolet du commandant Beaurepaire, dont 92 était si fier. Plutôt que de survivre à la reddition des forts, le capitaine de frégate qui commande à Montrouge se fait sauter la cervelle. Cet homme vaut tous les héros de Tite-Live. Qui sait son nom? Vraiment nous sommes bien modestes ou bien aveugles. Nous allons ramasser dans la poussière de Rome et d'Athènes une foule de gloires équivoques, nous mettons sur un piédestal tous les héros de la légende grecque et latine, puis nous tombons en extase, et parce qu'un Mucius Scœvola, sommé de dénoncer des complices imaginaires, s'est brûlé le poing sur un réchaud, parce qu'un Horatius Coclès s'est jeté tout armé dans le Tibre, ou qu'un Décius a fait à la patrie l'offrande de sa vie, nous nous écrions : « Quels colosses que ces Romains ! Et quels pygmées nous sommes ! » Ouvrons donc les yeux. Les Décius chez nous se comptent par centaines; si parfois nous passons près d'eux sans les voir, c'est qu'aujourd'hui l'héroïsme est devenu banal, et qu'au prix où est la renommée, le sacrifice de la vie ne suffit plus pour payer l'immortalité. On ne prise les choses qu'autant qu'elles sont rares. Si toutes les femmes romaines eussent fait leur devoir, Lucrèce ne fût jamais sortie de l'obscurité.

Cessons donc de juger le passé sur deux ou trois échantillons présentés par l'histoire, et nous serons plus justes pour le présent. Ne l'oublions pas. Dans le naufrage du temps, ce qui surnage, c'est ce qui est grand — les grands crimes comme les grandes vertus ; — le reste, vilenies, défaillances, petitesses, tombe au fond du gouffre. 93 est déjà loin de nous ; le courant des années a déjà emporté bien des impuretés. Ainsi dégagée, l'œuvre de nos pères nous apparaît plus belle et plus grande. Laissons le temps accomplir sa besogne. Dans dix ans, que restera-t-il de l'interminable réquisitoire prononcé contre la défense nationale ? Quelques lignes peut-être. La guerre de 1870 apparaîtra alors comme un duel inégal et monstrueux, provoqué par les crimes et les folies de l'Empire et accepté par la Prusse avec la joie féroce du spadassin, qui tient enfin sa victime. On se dira que si la moitié de la France s'est rendue sans combat, c'est qu'elle était désarmée avant la bataille, mais que partout où la lutte était possible elle a été vaillamment soutenue. Paris, Strasbourg, Bitche, Belfort, Schlestadt, Thionville, Brisach, Verdun, à peine relevées de leurs ruines, seront là pour témoigner qu'en signant l'odieux traité dicté par M. de Bismark, la France avait le droit de dire avec François Ier : « Tout est perdu fors l'honneur. »

LA REVANCHE

LA REVANCHE

Conclusion. — Gloire et victoire s'accordent pour la rime mais non pour la raison. — La revanche par les armes. — Les inconséquences du patriotisme. — La vraie revanche.

« A quelque chose malheur est bon. » Si le proverbe n'a point menti, l'histoire de nos revers porte en elle son enseignement. La France aura appris une fois de plus ce qu'un peuple gagne à abdiquer au profit d'un *gouvernement fort* et ce que rapportent les rêves de gloire et d'ambition.

Ces rêves-là malheureusement ne hantent point seulement la cervelle des princes. Chacun, il est vrai, crie sur les toits que la guerre est une monstruosité et un non-sens. Mais qu'on fasse défiler devant nous cinq ou six canons et autant de drapeaux conquis dans quelque coin de l'univers, tout le monde bat des mains. Les plus calmes jettent leur chapeau en l'air et se déclarent fiers d'être Francais. Le premier bachelier, qui sait aligner deux alexandrins, saisit sa plume et se hâte de faire rimer *gloire* avec *victoire*. Le bourgeois le plus pacifique s'exalte et croit voir descendre de leurs cadres de bataille tous les héros qui peuplent nos musées. Tant que la guerre se maintient loin des frontières, on en accepte philosophiquement les conséquences. La mort d'un homme laisse moins de traces que la ruine d'une maison. La terre le recouvre, l'herbe croît par-dessus et l'oubli aussi. Le vide que faisait son absence se comble bientôt; ceux qui restent au foyer serrent les rangs et tout est dit. Vues à distance, à travers les bulletins du *Moniteur*, ces immondes tueries ont un air de grandeur sauvage qui impose. Tel qui frémit à l'idée d'un homme écrasé s'enflamme au récit d'une charge de cavalerie, où quinze cents chevaux piétinent une heure durant dans une bouillie humaine.

Pour savoir ce qu'est la guerre dans son effroyable réalité, il faut en avoir personnellement souffert. Il faut avoir vu le meurtre, l'incendie, le pillage, la ruine sous toutes les formes, s'abattre sur son pays. Cette sinistre expérience nous l'avons faite, et nous nous sommes récriés d'horreur. Nous avons cru à quelque raffinement monstrueux de la barbarie allemande, et nous avons protesté au nom des lois de la guerre. Hélas! tous les peuples sur qui tombe ce fléau protestent de même, et leur plainte se perd comme la nôtre. Insensés, qui rêviez de passes d'armes et de carrousels où le vainqueur courbe un genou devant son ennemi abattu et le relève pour lui donner l'accolade, éveillez-

vous. Nous ne sommes plus au temps du chevalier Roland ;
la victoire même n'est plus au courage ; l'héroïsme se mesure à la portée des canons et se fabrique dans le labora-
toire d'un chimiste. Il est temps d'en finir avec tous ces
termes pompeux sous lesquels se cachent tant d'horreurs.
Le dictionnaire a besoin d'une réforme. Le jour où *guerre*
et *brigandage* seront réellement synonymes et où le mot
conquête sera définitivement classé sous la rubrique *assas-
sinat suivi de vol*, la gloire sera cotée bien bas.

Que le conquérant s'appelle Napoléon Ier, Guillaume ou
Fra-Diavolo, peu importe ! Ses titres seront pareils. Ce jour-
là un peuple ne se croira pas plus déshonoré pour s'être vu
voler deux provinces qu'un bourgeois sans défense pour
avoir laissé sa montre à un coupeur de bourses.

— Halte-là ! Et l'orgueil national, qu'en faites-vous ?
J'estime qu'il ne se mesure point à la longueur des frontières ni au nombre des cadavres qui peuplent un champ de
bataille. Ceux qui prétendent léguer par testament à leurs
petits-fils la haine éternelle de la Prusse et la revendication
de l'Alsace et de la Lorraine, auront quelque peine à me
comprendre. Je crains fort pour eux que leurs héritiers
n'acceptent point la succession. Pourquoi ne le dirions-
nous pas franchement ? Il y a toujours profit à envisager
froidement la vérité. Ne comptons point sur la revanche,
j'entends la revanche à main armée. L'intérêt même de la
France le veut.

Raisonnons : Dans la triste situation où est le pays, il

nous faut douze ou quinze ans pour réparer nos brèches. Pendant tout ce temps la Prusse aura l'œil ouvert sur nos armements. Pensez-vous qu'elle les regarde sans s'émouvoir? Elle aussi saura se préparer à la lutte. Quelques-uns disent qu'elle y songe déjà. Ce n'est point l'argent qui lui manquera. Cinq milliards d'indemnité sont un joli denier. Pour soutenir cette concurrence il nous faudra épuiser la France.

Dans quinze ans une génération nouvelle aura pris racine dans le sol. Sera-t-elle disposée à risquer sur un coup de dés aussi scabreux l'avenir du pays et sa fortune renaissante? C'est douteux. Quel que soit le gouvernement qui dirige notre politique, le souvenir de nos désastres l'aura rendu circonspect.

D'ailleurs, en quinze ans, bien des haines s'effacent. J'admets que, par un complot dont nous serons les premières victimes, nous fermions notre porte à tous les Allemands. Combien de temps pourrons-nous soutenir ce rôle? Les chaînes qui unissent aujourd'hui deux nations voisines sont plus nombreuses et plus embrouillées que les atomes crochus d'Épicure. La politique peut tenter de les dénouer, l'intérêt-les resserre. Cette muraille de la Chine que les irréconciliables de l'orgueil national prétendent élever entre la France et la Prusse s'écroulera d'elle-même. Le commerce et l'industrie passeront par la brèche.

Au reste, le plus grand obstacle n'est point là. Il viendra d'où on l'attend le moins — de l'Alsace. La proposition paraîtra paradoxale. Qu'on y réfléchisse. Nul doute que

pour le quart d'heure la haine du vainqueur et le ressenti-
ment de la défaite ne soient chez les Alsaciens plus violents
qu'ailleurs. Dans six mois, dans un an peut-être, l'idée de
la revanche y exciterait des transports. Quand le soufflet
est tout chaud, on ne calcule point ce que coûtera la vengeance. Mais cette fièvre passera vite. Elle subsistera plus
longtemps dans les villes. Partout où la pensée trouve un
aliment, les passions politiques s'éteignent difficilement.
La condition des campagnes est tout autre. Nous l'avons
constaté plus haut : la masse d'une nation est forcément
indifférente au régime qui la gouverne.

Le paysan qui travaille tout le jour courbé sur son champ
n'a pas le temps de discuter le pouvoir établi. Possession
vaut titre. La génération qui grandit en Alsace, habituée
dès l'enfance à voir à sa tête un souverain allemand, ou-
bliera peu à peu ses origines. L'émigration, en enlevant au
pays la portion la plus française de ses habitants, laissera
la place à l'élément prussien. Le mariage servira de trait
d'union entre vainqueurs et vaincus. Quand on parle la
même langue, les connaissances s'ébauchent lestement d'un
sexe à l'autre. La religion se mettra de la partie. Il ne faut
pas être sorcier pour deviner que M. de Bismark dépêchera
en Alsace ses pasteurs les plus zélés. Or, on sait que près
des deux tiers des habitants ne jurent que par Luther. La
propagande empruntera mille formes (1).

---

(1) N'oublions pas non plus, qu'en Alsace les Juifs se comptent
par milliers, et que leur patriotisme a toujours été singulièrement
au-dessous de leur fortune. Toutes les règles ont leurs exceptions,
mais celle-là moins que les autres.

La Prusse a trop d'intérêt à s'attacher ses nouveaux sujets pour ne point leur faire des doux yeux. Elle commence déjà à réparer leurs ruines avec nos millions. Elle ne s'arrêtera point là. Il est si simple de faire des générosités avec l'argent du voisin ! L'Alsace résistera-t-elle à ces séductions? On en peut douter. Je veux cependant qu'au fond du cœur elle conserve pieusement gravée l'image de la France; ce tendre souvenir ira-t-il jusqu'à lui faire accepter les éventualités d'une guerre, dont, quoi qu'il advienne, elle sera la victime? Je crains fort qu'ici les Alsaciens ne raisonnent comme les Sabines et qu'en prévision de nouveaux déchirements ils ne finissent bon gré malgré par plaider pour leurs ravisseurs.

Mais nous-mêmes nous reculerons devant les difficultés de la tâche. Quand nous verrons de quel prix l'Alsace et la Lorraine payeraient leur délivrance, quand nous songerons que pour le reprendre à la Prusse il nous faudrait à notre tour bombarder Strasbourg, tout notre désir de vengeance tombera, et comme la vraie mère dans le jugement de Salomon, nous nous écrierons : « Qu'elle le garde plutôt que de nous le rendre mutilé ! »

Ceux qui mettent l'orgueil national au-dessus de l'humanité n'écouteront guère ce raisonnement. Ils se retranchent dans leur patriotisme comme dans une forteresse et se refusent à toute concession. On leur crie qu'ils perdent la cause au lieu de la soutenir, ils se bouchent les oreilles pour ne pas entendre. Ces gens-là sont d'autant plus dangereux qu'ils colorent leur entêtement d'un prétexte honorable. Il ne manque à leur patriotisme que d'être réglé par la raison.

Et puisque cette question est venue sous notre plume, qu'on nous permette d'élargir un peu la discussion et d'émettre ici quelques idées plus générales.

Le patriotisme, comme tous les sentiments qui naissent de l'enthousiasme plutôt que du raisonnement, n'admet gnère de limites. C'est une force que rien n'arrête et qui par cela même dépasse souvent le but. En d'autres termes, la religion de la patrie a ses fanatiques qui sont les pires ennemis du progrès. De l'amour aveugle et exclusif de son pays à la haine, ou tout au moins au mépris des autres, le chemin est en ligne droite. Inutile d'en faire toucher du doigt les écueils. Il y a des mères qui ne peuvent entendre louer sans dépit l'enfant du voisin. Il semble que l'éloge fait à autrui appartienne en propre à leur fils. On sait ce que sont d'ordinaire ces enfants gâtés. Certains Français ont pour leur pays cette tendresse maladroite. Trouver à louer chez l'étranger, c'est un crime. La France n'a rien à envier. La patrie est l'arche sainte. N'y touchez pas, même si elle penche. Superstition biblique! Ce patriotisme-là est cousin germain du chauvinisme. Nous pouvons mettre à son compte une bonne partie de nos malheurs.

Le patriotisme, du reste, est loin d'être immuable. Il subit l'influence des temps et des lieux et change de caractère avec les siècles. Cet égoïsme farouche et intraitable qui fit la grandeur de la république romaine et qu'on propose encore à notre admiration, aujourd'hui révolterait la conscience. Il a eu sa raison d'être dans l'antiquité. Quand le brigandage était en quelque sorte la loi d'existence des sociétés, il était naturel que chaque peuple accroupi dans son isolement épiât son voisin avec l'inquiétude jalouse du carnassier qui guette une proie. Le sort fait aux vaincus n'était pas pour les anciens le moindre stimulant du patriotisme, et c'est peut-être là surtout qu'il faudrait chercher le secret de ces luttes gigantesques, dont l'antiquité nous a laissé le récit. Quand l'esclavage est au bout de la défaite, il n'y a plus de refuge que dans la mort. Dieu merci, nous n'en sommes plus là. Les hommes ne sont guère meilleurs peut-être qu'il y a deux mille ans, mais les institutions valent mieux. Les chaînes de l'esclavage ne se forgent plus que sur l'enclume métaphorique des poëtes. Les peuples sont toujours un peu frères à la façon de Caïn et d'Abel, mais le principe de la fraternité est définitivement inscrit dans le code international. Les actes de folie furieuse auxquels nous assistons depuis quelque temps n'infirment en rien cette loi indiscutable. L'accueil fait à nos soldats par la Suisse, les secours de toute nature prodigués à notre malheureux pays par l'Angleterre, la Belgique et les États-Unis, prouvent au contraire que les idées de progrès font leur chemin. A mesure qu'elles pénétreront plus avant, le patriotisme étendra son domaine. Il enjambera la frontière, non plus l'épée à la main, mais un ballot de marchandises sous le bras. Quand les peuples auront pris l'habitude de vivre les uns chez les autres, la patrie cessera d'être pour eux quelques centaines de lieues carrées de territoire bornées par un fleuve et une ligne de douanes.

Au lieu de chicaner sur de misérables questions d'origine, l'homme se proclamera citoyen de l'univers et, en tête de ses droits et de ses devoirs, il inscrira la belle devise du poëte latin : « Je suis homme, et rien de ce qui est humain ne m'est étranger. » Ce jour-là les peuples seront devenus aussi sages que les loups ; ils auront cessé de se dévorer entre eux.

Rêves d'utopiste ! — Eh ! qui vous dit que tout cela arrivera demain ? Ni vous ni moi ne le verrons sans doute. Qu'importe, si nous avons frayé la voie à ceux qui nous suivront ? Un siècle de plus n'est rien dans la vie d'une nation. La guerre est une folie intermittente dont nous serons peut-être bien longs à guérir. Mais la gloire des armes n'en a pas moins fait son temps. Ce n'est pas là que la France doit chercher sa revanche. Elle y perdrait inutilement le plus pur de son sang. Il y a d'autres champs de bataille où son activité, son intelligence, son patriotisme peuvent se déployer plus noblement. La France a en elle-même de nombreuses sources de prospérité que ni la guerre civile ni la guerre étrangère n'ont pu tarir. Qu'elle secoue le souvenir de ces dix derniers mois comme un hideux cauchemar, qu'elle s'attelle courageusement à la besogne ; surtout qu'elle marche hardiment, au besoin qu'elle double les étapes, sur la grande route du progrès. Elle aura bien vite réparé ses ruines et repris son rang à la tête des nations civilisées. Quand nous serons devenus le peuple le plus intelligent, le plus instruit, le plus laborieux, le plus industrieux, le plus riche, — en un mot le plus heureux de l'univers, — j'estime qu'alors la revanche sera suffisante. La Prusse pourra se mirer à son aise dans l'acier de ses canons. Quelques lieues de territoire ne la feront ni plus grande ni plus glorieuse. Si la grandeur d'une nation se mesurait à ses frontières ou au chiffre de ses habitants, les Chinois seraient le premier peuple du monde. La Grèce ne dépassait pas en étendue cinq ou six de nos départements. En a-t-elle tenu une place moins honorable dans l'histoire?

TABLE DES MATIÈRES

La revanche

—

Paris, Imprimerie Paul Dupont, 41, rue J.-J.-Rousseau. (1744.7.71.)